BEI GRIN MACHT SICH IHR WISSEN BEZAHLT

AF137655

- Wir veröffentlichen Ihre Hausarbeit, Bachelor- und Masterarbeit

- Ihr eigenes eBook und Buch - weltweit in allen wichtigen Shops

- Verdienen Sie an jedem Verkauf

Jetzt bei www.GRIN.com hochladen und kostenlos publizieren

Gebhard Deißler

Das Ende einer welt- und deutschlandpolitischen Epoche

GRIN Verlag

Bibliografische Information der Deutschen Nationalbibliothek:

Die Deutsche Bibliothek verzeichnet diese Publikation in der Deutschen National-
bibliografie; detaillierte bibliografische Daten sind im Internet über http://dnb.d-
nb.de/ abrufbar.

Impressum:

Copyright © 2013 GRIN Verlag GmbH
Druck und Bindung: Books on Demand GmbH, Norderstedt Germany
ISBN: 978-3-656-56594-9

Dieses Buch bei GRIN:

http://www.grin.com/de/e-book/211574/das-ende-einer-welt-und-deutschlandpoli-
tischen-epoche

GRIN - Your knowledge has value

Der GRIN Verlag publiziert seit 1998 wissenschaftliche Arbeiten von Studenten, Hochschullehrern und anderen Akademikern als eBook und gedrucktes Buch. Die Verlagswebsite www.grin.com ist die ideale Plattform zur Veröffentlichung von Hausarbeiten, Abschlussarbeiten, wissenschaftlichen Aufsätzen, Dissertationen und Fachbüchern.

Besuchen Sie uns im Internet:

http://www.grin.com/

http://www.facebook.com/grincom

http://www.twitter.com/grin_com

Transcultural Management

Gebhard Deißler D.E.A./UNIV. PARIS I

DAS ENDE EINER WELT- UND DEUTSCHLANDPOLITISCNEN EPOCHE

CULTURE RESEARCH

KULTUR FORSCHUNG

RECHERCHE CULTURE

BÚSQUEDA CULTURAL

RICERCA CULTURALE

跨文化的智慧精髓

итранскультурная

Interkulturelles- u. Transkulturelles Management (German)

Intercultural &Transcultural Management (English)

Gestion Interculturelle et Gestion Transculturelle (French)

Gerencia Intercultural y Gerencia Transcultural (Spanish)

Gerência Intercultural e Gerência Transcultural (Portuguese)

跨文化的智慧精髓 - kua wen hua de zhi hui jing sui (Chinese)

транскультурная компетенция - transkulturnaja
kompetencija (Russian)

toransukaruchā   ·   manējimento (Japanese)
トランスカルチャー   ·   マネジメント

Vishua Chaytana (Sanskrit)

INHALT

1

Benedict XVI, ein weltpolitisches Werkzeug der göttlichen Vorsehung?

In der Weltgeschichte gibt es zyklisch Meilensteine, die den Verlauf der Menschheitsgeschichte strukturieren: Der 8. Mai 1945 als Datum des Kriegsendes, die UNO Gründungsakte der Charter von San Francisco und der NATO in den Jahren danach, die Gründung der Montanunion 1951, die Gründung der EU durch die Romverträge 1957, das Ende des kalten Krieges, das Verschwinden des Eisernen Vorhangs und die Desintegration des Sowjetreiches, die deutsche Wiedervereinigung und der die EU konsolidierende EURO zu Beginn des 21. Jahrhunderts. Dabei sind die großen technisch-wissenschaftlichen Paradigmenwechsel nicht berücksichtigt, die ihren Impact auf die geopolitischen Zäsuren und Meilensteine haben, insbesondere jene Errungenschaften, die die die Raum-Zeit Koordinaten – das globale digitale Kommunikationsparadigma und die Eroberung des Weltraums, die zur einer Neuformulierung von Zeit und Raum führen – verändern, sodass sie Gegenstand des Interesses geopolitsicher Akteure und somit weltpolitisch relevant werden.

Heute, am 28. Februar 2013 geht eine geopolitische Ära für Deutschland und die Welt zu Ende. Um 20.00h geht seit Jahrhunderten wieder einmal ein Jahrtausendereignis, nämlich das Pontifikat des deutschen Papstes Benedict XVI zu Ende. Dieses Pontifikat war, ist und bleibt ein geopolitischer Meilenstein für die deutsche Geschichte. Warum kann man dies ohne Hybris so sehen? Ganz einfach deshalb, weil er der international geschätzteste Deutsche der neueren Geschichte ist. Und dies ist von eminenter Bedeutung für die Geschichte Deutschlands. Denn mit den oben genannten historischen Meilensteine der Gründung der NATO und der EU, sowie dem Élysée Vertrag über die Aussöhnung der Erbfeinde Deutschland und Frankreich, war Deutschland zwar strategisch, politisch und wirtschaftlich formell rehabilitiert worden, nicht aber kulturell. Diese Gnade der Geschichte war ihm trotz vieler symbolischer Formen der Aussöhnung vorenthalten geblieben, ebenso, wie ein abschließender Friedensvertrag.

Mit der Erwählung des Kardinals Josef Ratzinger ging man zunächst im wesentlichen von „business as usual" aus und erwartete einen „Panzerkardinal" J. Ratzinger als Steuermann des Schiffes der universellen katholischen Kirche. Was kann schon von Deutschland kommen? Ein vollendeter Professor und sicher ein guter Organisator, derart waren die internationalen Stereotypen, die der theologisch und intellektuell brillante Papst Benedict XVI evozierte. Doch seine beiden Enzykliken Deus est Caritas und Caritate in Veritate entwerfen nicht das Bild eines „Panzer Papstes", sondern genau das Gegenteil davon, weil sie die Liebe in das Zentrum der katholischen Lehre rücken. Und das ist nun der entgegengesetzte Pol des erwarteten deutschen kulturellen Stereotyps, der natürlich auch vor dem Klerus nicht Halt macht, sondern ihn miteinschießt.

Entgegen den Erwartungen integriert er den deutschen kulturellen Stereotyp des Panzers durch seine Rolle als Steuermann des Flaggschiffs der Liebe und erlöst somit den negativen deutschen Stereotyp der Anmaßung in den Augen der Welt. Ebenso integriert er die beiden Aspekte des Glaubens und der Vernunft. Die Integration dieses allgemeinkulturellen deutschen Dilemmas und des religionskulturellen universellen Dilemmas in einer liebevoll-bescheidenen spirituellen Persönlichkeit lassen ihn zu einem Enfant Chéri der internationalen politischen und gesellschaftlichen Öffentlichkeit werden. So what, könnte man sagen, ein besonders bei den Jugendlichen beliebter Star der globalen Medien. Seine liebevoll bescheidene, wie au auch multilingual brillante Art, die jeden in seiner linguistisch-kulturellen Art erreichen konnte, hat progressiv, durch die Art, wie der das Amt des Pontifex ausfüllte, die Herzen der ganzen Welt erobert. Mit diesem Herangehen an die Aufgaben des Pontifikats konnte er auch diverse andere historische Dilemmata aussöhnen, wie beispielsweise die interreligiösen zwischen den maßgeblichen monotheistischen Religionen und die Trennung Englands von Rom wieder aufheben. Diese konkreten Dilemmalösungen führten auch zur Lösung kultureller Dilemmas zwischen Deutschland und der Welt. Als beliebtester Deutscher mit einer geopolitischen Rolle, in der er die deutsche Kultur mit der Universalzivilisation aussöhnte, machte ihn zu zum Vollender des deutschen Aussöhnungsprozesses mit der Welt und zum Vollender der Rehabilitierung Deutschlands. Das Integrations- und Aussöhnungsproblem Deutschlands mit der Welt war in ihm personifiziert und da er diese Rolle gut gespielt hat, übertrug sich die Aussöhnung und Integration auf sein Abstammungsland. Er ist somit einer der maßgeblichen strategischen Akteure Deutschlands überhaupt, obschon sein Pontifikat nur 8 Jahre währte.

Diese angemessene Erfüllung dieser historischen Aufgaben schien nun seinen menschlichen Preis zu fordern und ihn zum Rücktritt von seinem Amt als Steuermann des Schiffes der katholischen Kirche zu veranlassen, auf dem er offenbar so manchmal den Eindruck hatte, das Jesus schläft, wie damals auf dem See Genezareth. - Somit fällt die Vollendung der Rehabilitierung und Aussöhnung Deutschlands mit der Welt in die Ära des historischen deutschen Papstes Benedict XVI. Er war das zeitliche und überzeitliche Instrument der Gnade Gottes gegenüber Deutschland im Interesse der Welt.

Mit der Lösung fundamentaler Dilemmata, wie dem von Glaube und Vernunft und der Integration des negativen deutschen Stereotyps und der damit einhergehenden Aussöhnung der deutschen und der Universalzivilisation hat er einen Archetyp der Dilemmalösung in die Wege geleitet, der gleich einer Welle das Meer des Lebens erfasste und sich weithin replizierte. Bleibt zu hoffen, das sein eigenes Abstammungsland auch von dieser Welle innenpolitisch-kultureller Dilemmalösung erfasst wird, wofür er eigens in pastoraler und politischer Mission in seine Heimat gekommen war, der er übrigens - und dies ist ein Gipfel der Dilemmalösung – auch in Rom, als universeller Steuermann einer weltumspannenden Gemeinschaft von Gläubigen, treu geblieben ist. Durch sein persönliches Beispiel hat er das germanisch-römische Dilemma wunderbar gelöst, das Deutschland auf seiner historischen Suche nach Emanzipation viel zu schaffen machte und auch die Reformation und den Versuch der Loslösung von Rom und seiner vermeintlichen Bevormundung bedingte.

Ein Dilemmalöser, Integrator und Friedensstifter durch die Macht der Liebe! Das ist eine Revolution deutscher Provenienz, die den Marxismus und den Hitlerismus langfristig positiv überflügelt, aber aufgrund dieser leisen und sanften Revolution zunächst weniger Schlagzeilen zu machen schien, aber dennoch in der Welt weiterwirken wird. Keine andere Macht oder Person hätte wohl dieses Werk verrichten können. Und es kann als ein eschatologischer Plan Gottes gegenüber Deutschland gedeutet werden, dessen Honorierung durch dieses Volk nun aussteht.

Und diese Erkenntnis und Einsicht in den Plan Gottes, dessen Instrument der deutsche Jahrhundert Papst war und ist, muss in diesem Land erst noch voll realisiert werden, damit der Plan Gottes auch hier, in diesem Land, Realität werden und kulturelle und religiöse Blindheit beseitigt und die christliche Fundamentierung dieses Landes im Grundgesetz implementiert werden und somit die weltweit von Deutschland eingeforderte Demokratie und der Respekt der Menschenwürde in der Gestalt einer echten christlichen Kultur realisiert werden können. Davon sind wir noch entfernt. Die Lösung sozialer, kultureller und internationaler Fragen hängt davon ab. Daher ist die Erkenntnis, die wir aus dem Pontifikat Papst Benedict XVI gewinnen können und müssen, seine vitale Bedeutung insbesondere für Deutschland, aber auch für den Rest der Welt und die interdependenten Wechselwirkungen zwischen den beiden.

Ich füge einen Aufsatz an, den ich bereits vor längerer Zeit geschrieben habe. Titel. „Das Ende einer Ära". Nun wissen wir, dass es nicht nur eine innenpolitisch und kulturell bedeutsame Ara für dieses Land, sondern auch eine geopolitisch bedeutsame Ära für die diverse menschliche Zivilisation, mit ihren diversen Subsystemen ökonomischer, kultureller und anderer Art war, ist und als solche geisteskulturelle Welle bis an die Enden der Erde weiterwirkt.

2

DAS ENDE EINER

DEUTSCHLANDGESCHICHTLICHEN

ÄRA

Ist es nicht besser, mit einem Auge in Paradies einzugehen, als mit zwei Augen in die Verdammnis? Wenn ein Glied zum Fall wird, so ist es besser, darauf zu verzichten, sofern es irreversiblen Schaden anrichtet und diesen Eingriff, gleich einem lebensrettenden chirurgischen, zu vollziehen, wenn alle anderen Heilmittel versagen. Ist es nicht besser eine Schlacht zu verlieren, dafür aber den Krieg insgesamt zu gewinnen.

Mit diesen Metaphern könnte man den Jahrtausendbesuch eines aus Deutschland stammenden Papstes im vereinigten Deutschland bilanzieren. Es ist kein historischer Zufall, dass ein deutscher Papst beinahe 500 Jahren nach der Reformation die Geschicke des weltweiten Katholizismus präsidiert. Gewiss nicht, denn bei Gott gibt es keinen Zufall, sondern vielmehr Plan, Sinn und Zweck und eine, wenn auch unseren Augen bisweilen verborgene, Ordnung, die die moderne Wissenschaft mehr und mehr entschlüsselt. Es handelt sich vielmehr um die Umkehrung eines tragischen Prozesses, deren geistige Basis in Zusammenhang mit dem Herannahen des 500-iährigen Jubiläums der Reformation in sechs Jahren gelegt wurde. Denn, analysiert man die Geschichte, insbesondere die deutsche, so erkennt man in der Verkettung zahlreicher gesellschaftlicher Katastrophen seit diesem Zeitpunkt (der Reformation), die man alle aus der Abweichung von DEM WEG, DER WAHRHEIT UND DEM LEBEN heraus, wie sie in der einen, reinen Lehre seit nunmehr 2000 Jahren existieren, dass diese Abweichung keine Zukunft hat. Trifft dieser geistig-historische Kausalzusammenhang zu, so ist es besser, wenn der falsche Weg einer Ära endet, wenn ein krankes Glied geopfert, eine Schlacht verloren, statt die Zukunft selbst verspielt wird. Aufgrund sehr tiefgreifender emotionalisierter, im Wege unserer Sozialisierung erworbener identitätsstiftender Identifikationsmechanismen und deren Bedeutung für die menschliche Psyche, ist auch der Bruch eines Bannes, wie wir es im Bruch des ideologischen Bannes des Faschismus und Kommunismus erlebt haben, ein schmerzlicher Prozess.

Die Frage, warum Gott die vielen Katastrophen zulässt, die sich in unserer Zeit des Abkommens vom wahren Weg, der nicht nur im Protestantismus – allein schon der Begriff des Protestantismus ist ein Widersinn, weil es keine Alternative zur Wahrheit gibt - , sondern auch in anderer Form zum Ausdruck kommt, so ist die Antwort im Abkommen vom Weg selbst gegeben, da es keinen zweiten gibt. Das Abweichen von der Wahrheit, auch scheinbar geringfügiger Natur - denn es gibt nicht Überflüssiges und Verzichtbares an ihr - ist nun mal nicht mehr die Wahrheit und führt zu einem Weg ohne Gott, über eine progressive Verbannung Gottes aus dem Menschlichen, die ein Irrweg sind und keine Zukunft haben. Der Prozess gipfelt heute in einer impliziten Annahme, dass der Mensch sich selbst erschaffen kann.

Diesen Weg gilt es zu beenden, um die Zukunft zu retten. Geschieht dies nicht, so könnte die Zukunft selbst auf dem Spiel stehen. Und es gibt nicht wenige Zeichen dafür, dass die so sein könnte, trotz allen menschlichen Fortschritts in Technik und

Wissenschaft, die die Verbannung Gottes aus dem Menschlichen fortschreiben. Dieser kann den Menschen jedoch trotz aller Glanzleistungen nicht erretten, wenn er nicht auf dem Weg der Wahrheit und des Lebens bleibt, sondern er wird vielmehr zu einem Instrument, der das Ende selbst heraufbeschwört und beschleunigt. Alle Versuche den Weg zu korrigieren, bleiben Teil des Problems, solange keine Umkehr auf den einen Weg ohne zweiten stattfindet. Es ist also besser, wenn ein Wegabschnitt endet, als dass das Ziel an sich aus den Augen verloren geht und unerreichbar wird.

Den Wegabschnitt, den es zu beenden gilt, besteht in Jahrhunderten der Abkehr vom Weg in der Gestalt der Protestantismus, der hunderte Jahre geistigen Konflikts mit den Highlights des Marxismus und Faschismus bewirkte, die uns bis in unsere Tage hinein prägen. Der Same der Spaltung und der Abkehr vom Weg wird trotz aller gutgemeinten Absichten in alle sozialpsychologischen Prozesse als Konflikt repliziert. Dieser Sachverhalt geht solange weiter, bis der Same der Spaltung nicht mehr gesät wird. Der Weg ist nicht verhandelbar. Denn das Falsche kann nur richtig werden, wenn es sich vom Falschen, sei es durch Gnade oder Erkenntnis, abkehrt.

Da es keine Kompromisse zwischen dem richtigen und dem falschen Weg geben kann, es sei denn der richtige Weg bliebe sich nicht treu, gibt es nur den Weg der Rückkehr. Wenn ein deutscher Papst zu jenem Ort zurückkehrt, wo die Saat der Abspaltung gesät wurde, so ist dies der Versuch, diese Saat zu revidieren und ihr die Spaltungskraft durch die Rückführung auf den richtigen Weg zu nehmen. Die Geschichte bietet somit die Chance, in einer zweiten Spiralwindung die Fehler des ersten Kreislaufes zu revidieren. Man kann die Erkenntnis der ersten in die nächste Spiralwindung des verhängnisvollen Spaltungskreislaufes einfüttern und somit eine nichtspaltende kausale Verkettung erzeugen, die das Spaltungsprogramm beendet.

Jeder Versuch der Umgestaltung unter Einbeziehung falscher Wegdaten führt zu weiteren Konflikten und einer Endloskonfliktschleife, wenn der Same der Spaltung auch in verminderter Form weitergesät wird.

Was gibt einem das Recht, sich das Wissen um den richtigen und den falschen Weg anzumaßen. Nun, der falsche Weg hat keine Zukunft. Das erkennt man an seinen historischen Früchten. Er mag viel bewirkt haben, doch langfristig führt er nicht ans Ziel. Er hat Teile seiner Wurzel abgeschnitten, wodurch der Mensch in ein fundamentales Ungleichgewicht geraten ist. Und dieses Ungleichgewicht manifestiert sich im Menschen und in der Gesellschaft als kontinuierlicher Konflikt, den er erst dann wieder beenden kann, wenn die Integrität der Wurzeln wiederhergestellt ist und der Baum des Lebens somit wieder gute Früchte tragen kann. Es gibt objektive Beweise für die Korrektheit des Weges wie jedes wissenschaftlichen Prozesses. Man erkennt den Geist der Wahrheit an seinen Früchten.

Wie konnte das Abkommen eines Menschen vom Weg die ganze Zivilisation im Schlepptau auf diesen Weg hinter sich her ziehen? Durch einen Menschen (die Abkehr vom Gehorsam gegenüber Gott durch Adam) ist die Sünde in die Welt gekommen und durch einen Menschen (Jesus Christus und seinen Gehorsam) konnte der Mensch von dieser wieder erlöst werden. Durch das Einschlagen eines Irrweges durch Ungehorsam seitens Luthers kann dieser ebenso nach vielen Jahrhunderten mit seinen durch diesen Ungehorsam ausgelösten schuldhaften Verkettungen nur im Wege einer Erlösung durch Gehorsam (im fundamentalen Sinne des Hörens und Befolgens des einen ungebrochenen Weges ohne zweiten) getilgt werden.

Die Frage nach einer Neupositionierung der beiden zueinander stellt sich nicht, sondern nur die der Erlösung. Der Nachfolger Petri als Statthalter Gottes auf Erden hat nun seine epochale Mission – die nicht menschendeterminiert ist –, als der eine Nachfolger und Statthalter des einen Reiches Gottes stellvertretend die Erlösung vom Ungehorsam eines Einzelnen zu vollziehen. Anders kann man den historischen „Zufall", der Plan ist, zu diesem Zeitpunkt nicht deuten. Es ist die perfekte Konfiguration inbezug auf Raum und Zeit des Weltgeschehens. Gott erneuert sein Erlösungswerk in dieser Zeit in dieser Form. Ein aus Rom kommender Deutscher stellt die Beziehung zwischen dem vom Weg abgekommenen Deutschland in seiner protestantischen Variante mit Rom wieder her. So etwa könnte es in der Kirchengeschichte in einer epochalen Perspektive lauten. Das Falsche endet nicht, indem man es versöhnlicher umgestaltet, sondern in dem es aufhört, falsch in Bezug auf das Richtige zu sein. Alles andere würde nur das Falsche perpetuieren und das Ende der Zivilisation einläuten. Doch das einmalige Erlösungswerk ist für immer und lässt dieses nicht zu. Vielmehr wirkt es dadurch fort, dass es sich aus Erbarmen und Liebe weiterhin in der gegenwärtigen Gestalt der Rückführung auf den richtigen Weg manifestiert.

Generationen von Menschen waren in der Erbsünde gefangen und harrten dieser Erlösung. Generationen von Menschen harrten der Erlösung von den katastrophalen Verkettungen durch die Sünde einer erneuten Abkehr vom Weg, dessen Ende in unseren Tagen vollzogen wird. Der Mensch allein kann diese Umkehr nicht vollziehen, da er in der Saat des Antagonismus gefangen ist. Es liegt in der Hand Gottes, die Umkehr zum einen Weg nach seinem Ratschluss in die Wege zu leiten. Und man kann die Zeichen der Zeit so interpretieren, dass sich in dieser Zeit in dieser Hinsicht etwas tut, dem niemand durch Konzessionen und Kompromisse vorgreifen kann und soll. Die oberflächliche menschliche Sichtweise würde den tieferen Prozess nur behindern. Die menschliche Ebene und die des göttlichen Plans scheinen verschieden, seine Gedanken nicht die menschlichen. Deshalb kann es keine nur menschliche Lösung geben, was fälschlicherweise als Nichtfortschritt - vom menschlichen Standpunkt - interpretiert wird.

Im Protestantismus wurde die Wurzel des Menschlichen beeinträchtigt. Und da der Mensch ein Ebenbild Gottes ist, wurde somit Gott selbst und dessen Plan beeinträchtigt. Der Mensch wollte sich loslösen. Der Ungehorsam hatte den falschen Weg, der ihn langfristig zum Abgrund führen wird, zur Folge. Daher gibt es nur die Umkehr. Alles andere ist einer Verzögerung der Zeit bis zur Erreichung des Abgrunds.

Das, was von den Wurzeln übrig blieb, konnte den Baum des Lebens nach dem göttlichen Bilde nicht erhalten und ernähren und seinen Bestand sichern. Es wurden zu viele maßgebliche Wurzelstränge abgeschnitten, die den Baum des Lebens verarmen und verdorren ließen. Werden sie wieder hergestellt - das mag auch auf andere Versuche des Abkommens vom Wege zutreffen – dann kann die historische Wüste wieder ur- und fruchtbar werden.

Eine zeitlich verzögerte Reaktion auf diesen Sachverhalt besteht in der genau entgegengesetzten Reaktion, die erkannt hat, dass die Integrität der Wurzeln ein Schlüssel zu Behebung des Schadens ist und daher in der Gestalt des Integrismus die Rückkehr auf den rechten Weg zu vollziehen sucht. Die Umkehr von einem ebenfalls von einem Individuum, dem englischen König verursachten Abweg in der Gestalt des Anglikanismus scheint eine ähnliche Sprache zu sprechen, ebenso wie die Annäherung der Orthodoxie an den Katholizismus. Bei ihr sind noch viel mehr Wurzeln intakt. Sie sind möglicherweise zusammenführbar ohne die Auflösung eines Weges. Doch wenn die Wurzeln über ein gewisses Maß hinaus nicht mehr vorhanden sind, wie es im Protestantismus der Fall ist, so kann nur eine Sanierung des Wurzelwerkes in der Gestalt der Rückverortung in den ursprünglichen Wurzeln helfen. Darin besteht eine die Ökumene im herkömmlichen Sinne transzendierende Erlösung von dem Weg der Loslösung durch Ablösung und Trennung von den Wurzeln. Die daraus entstehende Verarmung veranlasst den Menschen kompensatorische Lösungen für seine Fragen zu suchen, deren Antworten aber alle unter einem defizitären Syndrom leiden, weil es von einer falschen geistigen Prämisse ausgeht, die allen seinen Artefakten anhaftet. Dafür muss man an die Wurzeln zurückkehren. Und die ist eben das, was in unsern Tagen, die insofern historisch sind, geschieht.

Das veränderte Menschen- und Gottesbild, das im Wege der Korrumpierung der Wurzeln entstanden ist, kann nur durch eine Widerherstellung der Integrität der beiden in ihrer Interdependenz erlöst werden. Das bestehende Ungleichgewicht hebelt den Menschen von seinen Wurzeln her aus und schwächt sein Potential, was er durch überkompensierende Ideologien der Anmaßung im Wege des Nationalismus, Fanatismus und religiösen Fundamentalismus ohne Erfolg zu kompensieren sucht. Bei Integrität der Wurzeln ist all das nicht erforderlich und erspart die historischen Schleifen des Weges mit weniger Gott und daher wenige Mensch und somit weniger Potential und falscher Identität. Nichts vermag die Kluft zu überbrücken und zu füllen, die er selbst geschaffen hat, die durch seinen Ungehorsam verursachte Trennung zu überwinden und somit seinen Frieden mit Gott und somit dem Menschen wiederzufinden. Es bleibt kein anderer Weg als der Eine und die Rückkehr dorthin, die all seine Irrungen und Wirrungen von der Wurzel her beheben kann.

Diese historische Chance ist ihm nun gegeben. Erkennt er sie, so kann er Weltgeschichte zum Besseren schreiben. Andernfalls geht es weiter wie bisher in potenzierter Form und unter globalen und komplexeren Umständen, die unvorhersehbar sind. Größere Komplexität bei relativierter Rechenschaftspflichtigkeit inbezug auf die Schöpfung, wovon der Mensch ein Teil ist, begünstigen eine planetare Anarchie, die in der Gestalt diverser Auflösungserscheinungen in ökologsicher und finanzwirtschaftlicher… Gestalt bereits eingesetzt hat.

Die gesamte menschliche Zivilisation kann davon profitieren, wenn der durch den wurzel- und daher ziellosen Weg mit seinen epochalen Verirrungen, die den Menschen an den Abgrund führen können, im einen wahren Weg mit seiner erlösenden Kraft rückverwurzelt werden kann, der Kraft, die auf dem integren, unverkürzten und nichtdefizitären Menschen- und Gottesbild gründet. Die organische Interdependenz und die Ausgewogenheit des Wurzelwerkes sind nicht relativierbar, denn er selbst ist dieses Wurzelwerk und der Grund und Urgrund allen Seins und das lebendige Fundament auf dem wir stehen. Es ist nicht konservativ, zum Leben selbst zurückzukehren, sondern es gibt keinen andere Zukunft. Jede

Relativierung im Sinne des Abtrennens von vitalen Wurzeln durch den Protestantismus in Bezug auf die zeitlose Lehre ist somit eine Beeinträchtigung des Lebens und seinen individuellen und kollektiven Erscheinungsformen.

Natürlich erfordert es Demut und Größe, die Größe Göttes anzuerkennen und sich ihm und seinem Plan gehorsam zu unterwerfen und somit sein nichtrelativierbares Gesetz zu erfüllen, statt mit Gott in Konkurrenz zu treten. Adam, Christus und Luther, sowie andere Gestalten illustrieren die Gesetzmäßigkeit des Gehorsams, die ein Gesetz der Liebe ist, denn ohne Liebe gibt es keinen wahren Gehorsam, sowie auch dessen Konsequenzen. Die Erlösung vom Ungehorsam kann durch die Liebe bewirkt werden.

Durch dieses göttliche Attribut kann die Erlösung bewirkt werden, auch die Erlösung von Irrwegen. Sie erkennt den richtigen Weg, weil sie nicht im Stolz auf dem falschen Weg beharrt. Es ist der Geist der Verneinung des Gehorsams aufgrund menschlicher Anmaßung, der den falschen Weg zum Abgrund vorzeichnet. Der Geist der Akzeptanz des Gehorsams in menschlicher Demut gestattet die Entfaltung der Größe Gottes, die im Menschen somit wirken und seine Probleme beheben kann.

Die Wahrheit ist kein Verhandlungsgegenstand. Lässt man vom Falschen ab, so leuchtet sie in ihrem vollen Glanz. Es gibt ihr nichts hinzuzufügen, sondern nur das diese Einschränkende zu beseitigen. Deshalb gilt es im Wege der Ökumene nichts hinzuzufügen – all die konkreten Schritte der Annäherung, die die Menschen erwarten – sondern vielmehr abzulassen vom Falschen.

Es ist im ureigenen Sinne und Interesse aller Deutschen, sich von dem durch ein faktisch defizitäres Menschen- und Gottesbild - trotz konträrer verbaler Beteuerungen -, das durch menschliche Anmaßung entstanden ist, zu lösen und somit den Konflikt, in dem das konstitutive Gleichgewichte innerhalb der menschlichen Natur, im Verhältnis zu Gott und somit mit der gesamten sichtbaren und unsichtbaren Welt gestört ist, aufzuheben und ihre uneingeschränkte

Gotteskindschaft ohne Abstriche wiederherzustellen, soweit dies in ihrem Ermessen und ihrer Macht liegt.

Dadurch kommen die gesamten Ungleichgewichte, an denen die gesamte menschliche Zivilisation laboriert, schrittweise wieder ins Lot. Das ist eine einfach verständliche Kausalbeziehung. Die Ursachen der epochalen Ungleichgewichte, die den gesamten Menschen und seine Umwelt bedrohen, die im ökologischen, demographischen und finanzwirtschaftlichen und anderen Bereichen, ja selbst bis in die geistig-biologischen Grundfesten unserer Existenz als vielfältige Krankheiten zum Ausdruck kommen, sind durch eine Abkehr vom ursprünglichen Plan für den Menschen und seine uneingeschränkte Beziehung zur seiner Lebensquelle, den Schöpfer, bedingt. Der Mensch hat sich tatsächlich nicht selbst gemacht und kann sich nicht zum uneingeschränkten Herrn der Existenz erheben und somit seinen Schöpfer und somit seine Lebensquelle relativieren. Möchte er das Ruder an sich reißen, so verursacht seine unvollkommene Erkenntnis jenen weltweiten Flurschaden, der nur im Weg der Rückbesinnung un Rückkehr auf die Wurzeln seines Seins revidierbar ist.

Diese Rationalität der Schöpfung sollte gerade einer Wissenschaftskultur, die die Axiomatiken der Schöpfung als alles umfassende Schöpfungsprinzipen, wenn auch bislang nicht in der Terminologie der Wissenschaft formulierbar erkennt, nicht verborgen bleiben. Gott würfelt nicht, sagt der berühmteste Physiker unseres Landes zurecht.

Der Verursacher haftet. Deutschland wird für den weltweiten Flurschanden, den die Auswüchse seiner anmaßenden Irrationalität verursacht haben historisch implizit haftbar bleiben und wird sich nur im Wege einer Revidierung des Flurschadens durch den Impuls einer Rückkehr auf den rechten Weg von seiner Schuld erlösen können.

Dieser Impuls kann als Saat an dem Ort aufgehen und weltweit diffundieren, wo die Saat des Schismas mit seinen historischen Verkennungen aufging. Es ist nur durch das Säen des rechten Samens der Wahrheit möglich. Zu diesem historischen Zweck musste der Papst an den Ort zurückkehren, um diesen Prozess einleiten, der in der Beendigung einer Epoche und der Einleitung einer neuen durch Umkehr und Rückkehr besteht, da die relativierte Wahrheit das menschliche Leben ebenso relativiert und einschränkt. Und das Ausbrechen aus dieser Relativität erzeugt ein Labyrinth von Relativitäten, in dem dem Menschen die Zukunft ausweglos entgleitet, weil es ohne die uneingeschränkte Wahrheit, die Gott ist, keine Zukunft zu geben scheint, wie uns die menschliche Geschichte belegt. Die Frage was ist Wahrheit, ist dabei die Frage derer, die sie nicht (er)kennen wollen, trotz aller Zeichen, beginnend mit Pilatus bis zum heutigen Tag.

Die Kappung der Wurzeln, gleich in welcher Form, führt zur Korrumpierung des Baumes des Lebens und somit zu schlechten Früchten, wie wir sie historisch beobachten können und sind Kennzeichen eines schlechten Baumes. Der Weg der Wahrheit ist der der Integrität des Baumes des Lebens von der Wurzel bis zur Krone, sowie den Früchten.

„Lasst ab vom Bösen und tut das Gute"

Die beiden können nicht im Sinne des Ausgleiches und Abgleichs und des Kompromisses ausgesöhnt werden. Sie sind kein Dilemma und ermöglichen keine Synergie. Nur das Ablassen vom Falschen führt zum Wahren. Wer nicht für mich ist, ist gegen mich. Auch eine Einschränkung ist gegen die Wahrheit, Gott und daher die Zukunft, gleich in welcher Ideologie und Lebensweise diese zum Ausdruck kommt.

Die Wahrheit ist das, was sie ist und kann nichts anderes sein und entzieht sich jeglichen Diskurses, der sie zwangläufig relativiert. Sie ist absolut und nicht kulturell, zeit-räumlich relativierbar. Sie ist eine und eins, ohne zweite, im ersten Gebot des Dekaloges - Du sollst keine fremden Götter neben mir haben - als Schutz vor jeglicher, auch geringfügiger Abweichung von dem einen wahren Weg, verankert. Damit steht und fällt das gesamte Gebäude des Juden- und Christentums... gleichermaßen und somit die monotheistische Zivilisation und die Nichtbeachtung des Gebots bedeutet eine heidnische Rückwärtswendung zu diversen selbstkreierten Götzen, letztendlich eine Substitution seiner selbst für den einen Gott und seinen einen, wahren Weg. Wenn auch in scheinbar geringfügigem Maße könnte der ganz anders intendierte reformatorische Prozess, statt einer konsequenteren Befolgung des Weges der Wahrheit, die progressive Abkehr davon eingeleitet haben, die Veränderung des unveränderlichen Grundes - denn einen anderen Grund kann niemand legen, als der welcher gelegt ist in Christus - für ewige Zeit, mit ihren vielfältigen Folgeerscheinungen, denn das Böse springt allzu leicht in eine Bresche erhabener Intention und sucht Unkraut unter den Weizen zu sähen.

Nun ist beides lange unentwirrbar und sich antagonisierend gewachsen, und es wird solange weiterwachsen, bis der Herr der Ernte Weizen und Unkraut trennt, damit die gute Saat nicht irreversibel erstickt wird. Ist dieser Zeitpunkt nun gekommen? So scheint es! Sein Maßstab allein ist entscheidend, nicht die vielen menschlichen, vermeintlich pluralistischen und scheinbar legitimen Maßstäbe. Die große protestantische Musik und Theologie vermag nicht, den relativierten Gott und somit den Menschen zu rehabilitieren. Deshalb ist es nur eine Frage der Zeit wie und in welcher Form eine Epoche zu Ende geht, falls der Mensch selbst uneinsichtig und unwillig, anmaßend und stolz auf seinen eigenen Konstrukten beharrt. Denn die Einschränkung ist nicht zukunftstauglich. Das Tor zur neuen Zeit kann nur auf dem einen Weg, durch die von menschlicher Willkür unangetastete tragfähige Wahrheit, das Leben selbst, erfolgen. Jegliche menschliche Nuancierung untergräbt sie. Das lässt dem Menschen eine geringe Marge des Manövrierens und erfordert seinen Gehorsam zur Gewährleistung seines größten gottesbildlichen Potentials, konsolidiert dadurch seine prekäre Existenz und ist Garant seiner höchsten wahren Freiheit, die sein singuläres kreatürliches Privileg ist. Gott würfelt und spielt nicht und erwartet dasselbe von seinen Geschöpfen in ihrer Beziehung zu ihm. Nur dann kann die alles versöhnende Liebe, die ein Attribut Gottes ist, geboren werden und die Menschheit von ihren eigenen Unvollkommenheiten erlösend die endgültige Rückführung zur Einheit, die den einen wahren Weg krönt, gelingen.

„Der moslemische Attentäter Johannes Pauls II zielte auf das Haupt der Christenheit,

der Protestantismus auf das Herz der Christenheit.

Die Mutter Gottes hat beides abgewendet."

Der weltweite Islam(ismus) zielte ebenso auf das geistige Haupt der katholischen

Kirche in der Gestalt des Nachfolgers Benedict XVI als eine Reaktion auf seine

Regensburger Rede, um ihn zu veranlassen, sein Haupt vor jenem zu beugen. Und

beinahe hätten ihm die internen Konflikte in der Christenheit das Herz gebrochen. Er

ist von seinem Amt zurückgetreten.

Und was hat der neue Papst Franziskus zu erwarten?

Schließlich gilt es, einer überzeitlichen Erkenntnis gewahr zu werden: Seit fünfhundert Jahren befindet sich Deutschland im Konflikt mit Rom, der einen zweitausendjährigen Kultur-Konflikt zwischen der römischen und der germanischen Welt fortschreibt.

Diese Abweichung vom Weg führt offensichtlich solange zu geistig-kulturellen Problemen, bis der eine Weg wieder Anerkennung und Befolgung findet. Die Abweichung hat in Deutschland begonnen und sollte auch hier wieder beendet werden und somit ein Zeichen für die Welt im Hinblick auf eine Zivilisation der Einheit für das dritte Jahrtausend setzen.

Die Vollendung der Aussöhnung mit der romanischen Welt, die in der Gestalt der Aussöhnung mit dem Erbfeind Frankreich begonnen hat, sollte nun durch die Aussöhnung mit dem Zentrum der romanischen Welt im bilateralen, europäischen und weltweiten Interesse fortgesetzt und vollendet werden. Allein dies macht Europa zu einem historischen Akteur auf Augenniveau, der seine geistige Führerschaft im dritten Millennium weiterhin wahrnehmen kann.

Der Weg,

den Gott über Christus,

Petrus

und seine Nachfolger

bestimmt hat,

ist nicht veränderbar,

da es keinen anderen gibt.